TŌKYŌ
EST MON JARDIN

DES MÊMES AUTEURS

Éditions Casterman

LOVE HÔTEL
TŌKYŌ EST MON JARDIN

Éditions Dupuis

DEMI-TOUR

AUTRES OUVRAGES DE FRÉDÉRIC BOILET

Éditions Magic Strip

LE RAYON VERT

Éditions Les Humanoïdes Associés

3615 ALEXIA

AUTRES OUVRAGES DE BENOÎT PEETERS

Éditions Casterman

En collaboration avec François Schuiten

LES CITÉS OBSCURES
LES MURAILLES DE SAMARIS
LA FIÈVRE D'URBICANDE
L'ARCHIVISTE
LA TOUR
LA ROUTE D'ARMILIA
LE MUSÉE A DESOMBRES
BRÜSEL
L'ÉCHO DES CITÉS
MARY LA PENCHÉE
L'ENFANT PENCHÉE
LE GUIDE DES CITÉS

En collaboration avec Anne Baltus et François Schuiten

DOLORES

En collaboration avec Anne Baltus

CALYPSO

LE MONDE D'HERGÉ
CASE, PLANCHE, RÉCIT, COMMENT LIRE UNE BANDE DESSINÉE ?

ISBN 2-203-33460-6
© Casterman 1997

Droits de traduction et de reproduction réservés pour tous pays. Toute reproduction, même partielle, de cet ouvrage est interdite. Une copie ou reproduction par quelque procédé que ce soit, photographie, microfilm, bande magnétique, disque ou autre, constitue une contrefaçon passible des peines prévues par la loi du 11 mars 1957 sur la protection des droits d'auteur.
Imprimé en Belgique par Casterman, S. A., Tournai. Dépôt légal : janvier 1997 ; D. 1997/0053/60

BOILET/PEETERS

TŌKYŌ EST MON JARDIN

**Scénario : Benoît Peeters et Frédéric Boilet
Dessin : Frédéric Boilet
Trames : Jirô Taniguchi**
Les textes japonais ont été traduits par Kaoru Sekizumi
et calligraphiés par Frédéric Boilet, élève de Maître Shôen Doi.

Remerciements :

Cet album a été réalisé grâce au parrainage de l'éditeur Kôdansha (International Kôdansha Morning manga fellowship – séjour d'une année à Tôkyô en 1993) et avec le concours du Fiacre et de l'Afaa (séjour à la villa Kujoyama en 1994).

Les auteurs souhaitent remercier Maître Shôen Doi, mademoiselle Kaoru Sekizumi, messieurs Keiji Fukushi, Yves Maniette, Dominique Noguez et Hisafumi Ono pour leur aide précieuse, ainsi que :

Au Japon : M. Charles Bové, Mme Liza Hatsuda, Mme Kimiko Horiguchi, Mme Toshiko Izumi, Mlle Emiko Kitashô, M. Yoshiyuki Kurihara, M. Daniel Moreau, M. Keiji Oshima, M. Jean-François Sabouret, M. Pierre-Alain Szigeti, M. Arimura Sen, Mme Ranko Takenaka, Mlle Naoko Tamamura, Mlle Keiko Tanaka, M. Yasumitsu Tsutsumi.

En France : M. Emile Bravo et l'Atelier des Vosges, Mme Takako Hasegawa, Mme Yoko Inoguchi, M. Christophe Kurita.

TŌKYŌ
mon amour

J'ai eu le bonheur d'assister presque en direct à la genèse de cet album. Je peux donc dire pourquoi il n'est pas comme les autres et pourquoi les libraires auront la plus grande peine à choisir la vitrine où le placer. Il relève en effet d'un genre nouveau, c'est une œuvre insolite, un objet culturel non identifié.

Il a l'air d'être une bande dessinée. Ce n'en est pas une. Ou pas seulement. Certes, Frédéric Boilet dessine, et bien. Il le prouve depuis *la Fille des Ibères* (1985), peplum hispano-gaulois d'après un scénario de René Durand, et surtout depuis *le Rayon vert* (1987), œuvre totalement personnelle. Dès le début, on est frappé chez lui par deux caractéristiques : un art très inventif de la mise en page et du cadrage, un grand réalisme des visages et des attitudes. La mise en page : je veux parler de la taille très variable et de l'agencement subtil des vignettes dans la page, considérée comme un espace autonome. Dans les premiers albums on pense parfois à la structure ingénieuse de certaines planches du *Little Nemo* de Winsor McCay. Le cadrage : c'est cette virtuosité à passer d'un plan d'ensemble en légère plongée (mettons) à un plan rapproché en contre-plongée (ou l'inverse), bref, cette extrême mobilité du point de vue qui n'a d'exemples que les films de Dziga Vertov, d'Eisenstein ou... des frères Coen, tous cinéastes fous de montage.

Accessoirement, frappent chez Boilet : un certain goût de l'érotisme, sans exhibitionnisme mais sans pudibonderie, oh là là non ! Et (quand on connaît l'auteur ou ses amis) la surprise amusée de le voir prêter les traits de gens réels et particulièrement les siens à certains de ses personnages.

Cela tient à sa façon de procéder. Elle l'éloigne de la bande dessinée classique et conduit à le ranger plutôt au rayon des nouveautés littéraires. Car ce qu'il fait, depuis notamment *3615 Alexia,* ce sont des sortes de romans autobiographiques. Simplement, les mots (arrangés par l'écrivain Benoît Peeters) sont accompagnés de dessins en couleur ou, de préférence, en noir et blanc. (Est-il extravagant de s'aviser que ce noir et ce blanc, même rehaussés, comme ici, de splendides trames grises de Jirô Taniguchi, sont les couleurs mêmes de l'écriture ?).

L'originalité de Boilet est qu'il a, une fois pour toutes, décidé de ne produire rien, information, texte ou forme dessinée, qui ne soit directement *indexé sur le réel.* Rude contrainte. Elle l'éloigne des imaginations en folie qui abondent dans l'univers de la BD, le rapproche des forçats du réalisme. Elle l'apparente à ces jeunes romanciers qui nous donnent le récit de leurs premières amours ou à ces auteurs plus mûrs qui écrivent ce qu'on appelle un roman de formation. Et, parmi ces romanciers, à ceux qui, dans la filiation double de Stendhal et de Flaubert, n'aiment rien tant que le parfum grisant du vrai, ne mettent pas un visage, pas un mot, pas un brin d'herbe, pas une pierre, pas un boulon en scène qui se soit *croqué sur le vif.* Flaubert harassait ses amis de demandes de renseignements sur les horaires de trains en 1848 ou sur la forme des falaises de la Manche. Boilet est de ceux, plus fringants ou plus ménagers d'autrui, qui prennent eux-mêmes les trains, qui vont eux-mêmes sur les falaises.

Il fait ce que j'aimerais appeler une parodie par anticipation. Parodie au sens étymologique où l'on suit au plus près une réalité première. Sauf qu'ici on choisit de forger (et de vivre) la réalité première pour faire exister la réalité seconde, l'œuvre. D'où voyage (au Japon), séjour (à Tōkyō et Sapporo), rencontres – toutes formes d'un *repérage* généralisé –, qui vont donner *Love Hotel* puis l'histoire que voici. Pour les besoins de la cause, notre auteur poussera l'abnégation (façon de parler ! douce, très douce abnégation, en vérité) jusqu'à tomber amoureux, puis à vivre avec son héroïne, je veux dire avec le glorieux modèle de celle-ci.

D'où ces rituels préalables que l'on trouvera dans ses carnets et ses photos s'il consent à les publier un jour, et ces autres rituels, quotidiens, que j'ai connus à la Villa Kujoyama où j'ai eu six mois le plaisir d'être son voisin. C'était à Kyoto, ville impériale heureuse, grouillante de rues commerciales, ajourée d'un vaste parc, traversée d'un fleuviau paisible, parsemée de temples et de villas superbes que l'on rallie en bus ou à vélo. Nos "maisonnettes" se trouvaient sur une colline coiffée d'arbres et de roseaux immenses dans lesquelles chantaient des crapauds et des cigales. Certains après-midi, Boilet arrivait chez moi ou chez d'autres résidents avec sa vidéo ou son appareil photo et nous faisait sourire, froncer les sourcils ou lever les yeux au ciel, prendre toutes les poses possibles et imaginables: ainsi constituait-il le stock d'images qui garantiraient le réalisme de ses dessins. Presque chaque soir, son fax crépitait : il envoyait à Peeters les pages terminées et, de Bruxelles, celui-ci lui envoyait le texte des bulles ou quelques suggestions pour le scénario.

Car il y a scénario. La réalité, oui, mais *ajustée*. C'est ce qu'Aristote appelait la *poïésis*, ces retouches par lesquelles, tenant compte du futur public, on rend la fiction moins obscure, moins abrupte, moins invraisemblable, moins insignifiante que la vie. Pour les besoins du vrai et aussi pour l'harmonie de l'œuvre, on corrige les données brutes, on les plie aux dimensions de l'œuvre. C'est la perspective, qui rend plus clair. C'est l'enduit ou le vernis du tableau. C'est Flaubert suppliant Maupassant de lui trouver pour *Bouvard et Pécuchet* une falaise dont la description colle bien avec le début de son paragraphe.

Ainsi s'explique le paradoxe de cette association avec Peeters, auteur d'imagination et de rigueur (son roman *la Bibliothèque de Villers* est du genre policier hyperlogique et plein de secrets jeux de mots), parolier de dessinateurs visionnaires comme François Schuiten ou de cinéastes baroco-compliqués comme Raoul Ruiz. Ce n'est pas un paradoxe, c'est un complément. Peeters apporte la *poïésis*, la perspective, l'enduit. (Au fait, plutôt qu'à la peinture, c'est au cinéma que Boilet fait penser : cadrages virtuoses, repérages, figurants, scénariste-dialoguiste, tout y est.)

Ce sens du vrai et de l'insertion a conduit Boilet jusqu'à parler et écrire (fort bien) le japonais. Son album est bilingue, jouant même graphiquement des spécificités de l'écriture japonaise. Ainsi, nouvelle incertitude : où ranger son livre ? Au rayon francophone (il est lorrain, Peeters est bruxellois d'adoption) ou au rayon japonais ? Aux deux, mon samouraï ! Les futurs voyageurs y apprendront beaucoup sur le pays du Soleil Levant.

Tant mieux. Les arts sont faits pour être rapprochés, les genres mélangés, les formes déformées – les frontières entre les œuvres franchies. Avec *Tōkyō est mon jardin*, le roman d'initiation, nimbé d'humour, fécondé par le journal intime et le reportage, peaufiné par la cocréation, s'éclate en BD nouveau genre. Il y faut un nouveau type de lecteurs : vous, moi – vous, j'espère, aussi ravis que moi.

Dominique Noguez

chapitre 1
LOVE APPARTEMENT

平成5年7月3日、東京 道 —TOKYO, 3 JUILLET 1993 訳

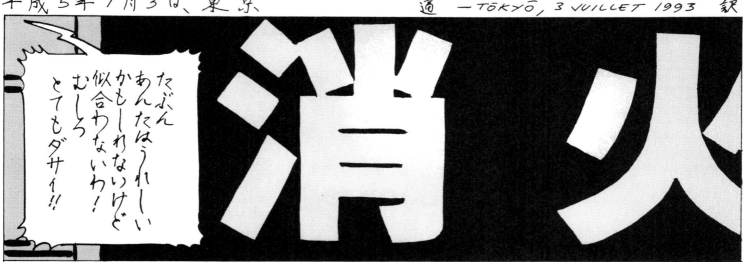

道 —EH BIEN, TU EN ES PEUT-ÊTRE CONTENT, MAIS MOI JE TE DIS QU'ELLES NE TE VONT PAS DU TOUT! ELLES SONT AFFREUSES! TU AS L'AIR D'UN PLOUC!! 訳

道 —TOUT LE MONDE M'A DIT QU'ELLES M'ALLAIENT TRÈS BIEN... 訳

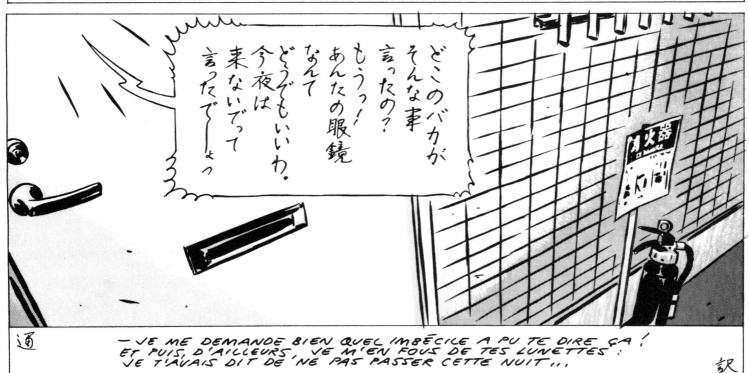

道 —JE ME DEMANDE BIEN QUEL IMBÉCILE A PU TE DIRE ÇA! ET PUIS, D'AILLEURS, JE M'EN FOUS DE TES LUNETTES: JE T'AVAIS DIT DE NE PAS PASSER CETTE NUIT... 訳

タクシー！！

道 —TAXI!!! 訳

千駄木の交差点までお願いします。地下鉄の駅の前で。後楽園から言問通りへ入って不忍へ…

道 — CARREFOUR DE SENDAGI, S'IL VOUS PLAÎT, DEVANT LA STATION DE MÉTRO. PRENEZ PAR KŌRAKUEN PUIS KOTOTOI DŌRI ET SHINOBAZU... 訳

Chapitre vingt et un

口 **enceinte** *

Ce constitutif décrit une enceinte, à l'intérieur de laquelle nous placerons diverses choses. Il sera souvent important d'imaginer quelque chose isolant du monde extérieur. [3]

因 **cause** 589

Saint bernard … enceinte. Comme un éléphant dans un magasin de porcelaine, un *saint bernard* dans une *enceinte* quelconque pourrait bien être la cause de bien des choses. [6]

固 **solide** 590

Au sens de corps solide. *Enceinte … vieux.* Un fromage laissé dans sa boîte pendant quelques semaines ou une momie dans son sarcophage

園 **parc**

Enceinte … poterie à couvercle … écharpe… pourraient s'assembler pour former la notio… mez un parc français, sans doute les verrez-v… si vous imaginez un parc japonais, ils seron… visibles mais tout aussi présents … [13]

壇 **podium**

Terre … chapeau haut de forme … fois … est celui de la fête que l'on donne sur l'aire d… magicien en *chapeau haut de forme* va s'y … de *fois*, et ce jusqu'au *point de la nuit*, est-…

Le commun des mortels n'est pas autoris… réservé *à la société des notables, du vill…*

— TIENS, VOUS N'ÊTES PAS EN RETARD, AUJOURD'HUI. ÇA TOMBE BIEN: Y A NEUF THONS À PRENDRE CHEZ KURIHARA ET À LIVRER D'URGENCE CHEZ TSUTSUMI...

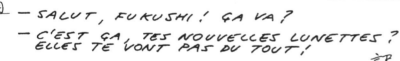

— SALUT, FUKUSHI ! ÇA VA ?
— C'EST ÇA, TES NOUVELLES LUNETTES ? ELLES TE VONT PAS DU TOUT !

— MERCI, JE SAIS.

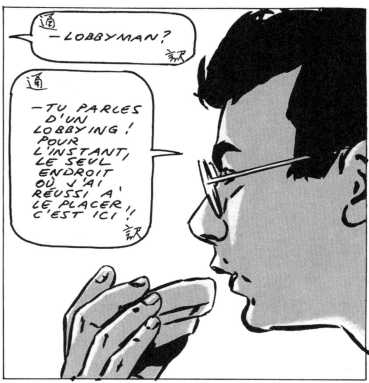

chapitre 2
LA GRÂCE DE DAVID

— Dans quelques instants, nous arrivons en gare de Tamagawa-en... Veuillez ne rien oublier dans le train...

Merde ! La bouteille !!

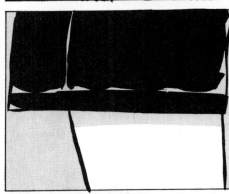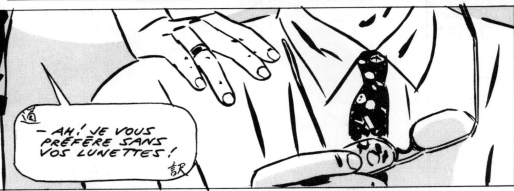

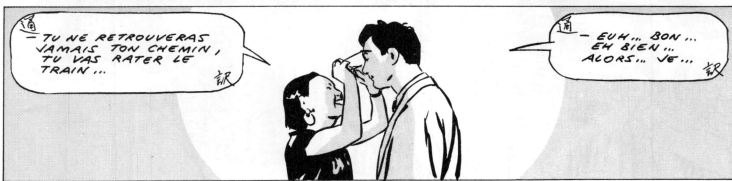

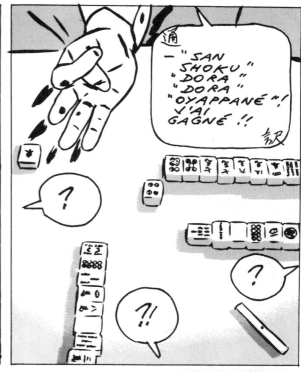

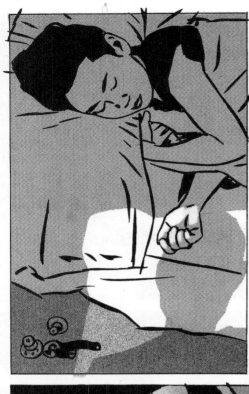
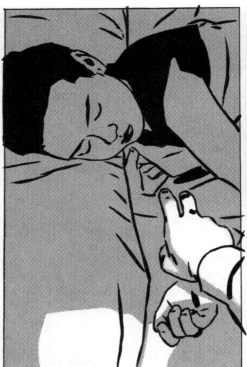

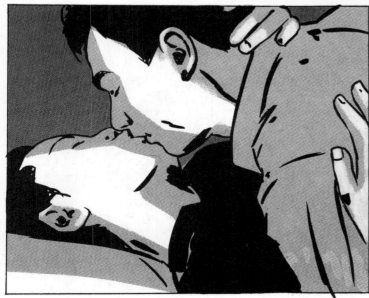

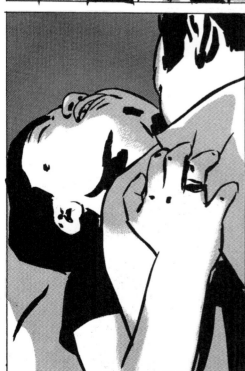

- IL EST 6H30... JE DOIS Y ALLER...
- JE VIENS AVEC TOI !

chapitre 3
TŌKYŌ MON AMOUR

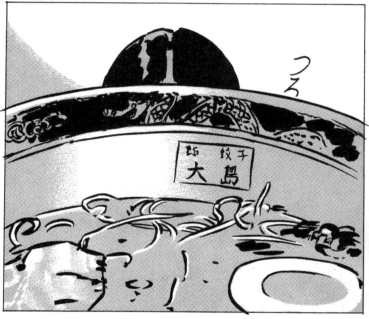

— TU EN FAIS, UNE TÊTE !... C'EST LES RĀMEN OU LA CHALEUR ?

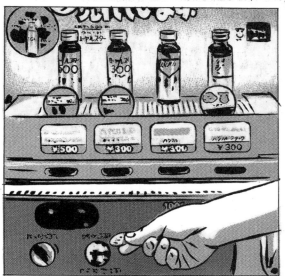

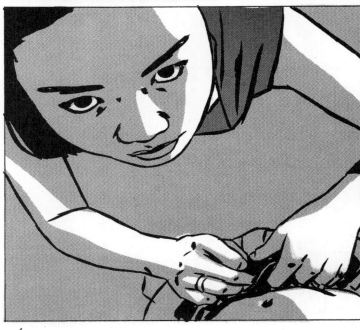

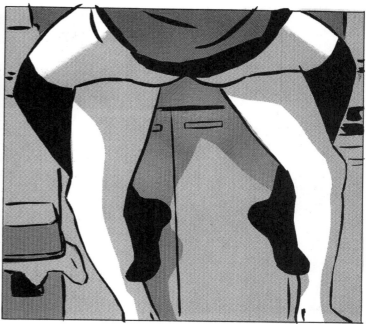

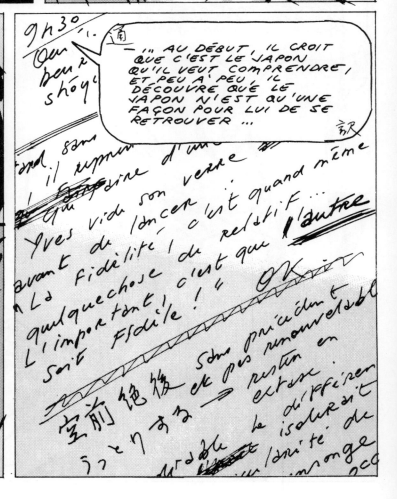

— NE ME REGARDE PAS : JE M'HABILLE !!

— ET ALORS ?... JE TE TROUVE BELLE...

— VOUS, LES FRANÇAIS, VOUS DITES SOUVENT AUX FILLES QU'ELLES SONT BELLES ?
— QUAND C'EST VRAI ET QU'ON LES AIME...

— VOUS LEUR DITES QUE VOUS LES AIMEZ ?

— ... BON, IL FAUT QUE JE FILE, JE SUIS DÉJÀ EN RETARD !

— ALLÔ?.... AH! TU ES LÀ!... J'AI ESSAYÉ DE TE JOINDRE TOUTE LA JOURNÉE...

— JE VIENS JUSTE DE RENTRER... TOUJOURS CETTE EXPOSITION À PRÉPARER : IL FAUDRAIT QUE JE REPRENNE QUELQUES FIOLES DE VIPÈRE !

— C'EST DOMMAGE... Y A PLUS DE MÉTRO, IL EST TROP TARD POUR QUE JE VIENNE MAINTENANT...

— TU ME MANQUES, DABIDO... J'AI PRIS UN CONGÉ CE WEEK-END ON IRA FAIRE UN PIQUE-NIQUE AU BORD DE L'EAU!

... TON SOURIRE ... TA BOUCHE QUI REMONTE LÉGÈREMENT DU CÔTÉ DROIT ...

— TES AMIS NOUS APPELLENT !

... TES CHEVEUX EN FAGOTS ...

... TES JAMBES, MINCES ...

... TES PIEDS ...

AH ?! ... TU N'AIMES PAS TES PIEDS ? ... TU AS TORT! ...

- BON ÇA SUFFIT! A MOI MAINTENANT! MOI AUSSI JE VAIS TE PHOTOGRAPHIER EN PIÈCES DÉTACHÉES!

... TON REGARD DOUX ... MAIS SANS TES LUNETTES! ...

ねえ、ダビッド、この前…あなたが何度も電話することに努めたと言った時とても感動したの。

— TU SAIS, DABIDO... J'ÉTAIS TRÈS ÉMUE, L'AUTRE JOUR, QUAND TU M'AS DIT QUE TU AVAIS ESSAYÉ DE ME JOINDRE PLUSIEURS FOIS AU TÉLÉPHONE...

— ... UN JAPONAIS NE ME DIRAIT JAMAIS UNE CHOSE PAREILLE, IL NE PARLERAIT PAS COMME TU LE FAIS... SAUF MON PAPA : LUI AUSSI ME PARLAIT AVEC DOUCEUR... PEUT-ÊTRE PARCE QU'IL AVAIT VOYAGÉ...

— JE CROIS QUE JE N'AI JAMAIS RIEN VU D'AUSSI BEAU...

chapitre 4
TŌKYŌ EST MON JARDIN

— SI CE N'EST PAS POSSIBLE, ICI, À L'AMBASSADE, PEUT-ÊTRE POURRIEZ-VOUS FAIRE UN ESSAI CHEZ VOUS, À L'INSTITUT ? CE NE SONT PAS LES OCCASIONS DE BUFFET QUI MANQUENT...

— CE N'EST PAS SI SIMPLE, CHER MONSIEUR. VOUS CONNAISSEZ LES JAPONAIS : CE SONT DES SÉNÉGALAIS... EN MOINS EFFICACE ET MOINS ÉLÉGANT ! POUR EUX, CE QUI COMPTE DANS UN COGNAC, C'EST L'ÉTIQUETTE. DONNEZ-LEUR DU NAPOLÉON, ILS VONT TOMBER EN EXTASE...

— JE VOIS... EUH... IL FAUT QUE NOUS REPRENIONS CETTE DISCUSSION À TÊTE REPOSÉE... DISONS... VENDREDI.

— ON APPLAUDIT BIEN FORT NOS AMIES FRANÇAISES DES ÎLES !

— VOUS TOMBEZ MAL, JE FUIS TÔKYÔ DÈS DEMAIN ! LA CHALEUR, VOUS COMPRENEZ, ET PUIS, C'EST BIENTÔT LA SAISON DES TREMBLEMENTS DE TERRE !

— ...MONSIEUR BOVÉ, AMBASSADEUR DE FRANCE AU JAPON.

56

— Tu es gentil, Dabido... tu t'inquiètes pour moi, mais...

— ... On ne cesse pas de fumer comme ça, tu sais... Du jour au lendemain, tu pourrais arrêter de boire, toi ?

— Mais bien sûr... Tiens, si tu arrêtes le tabac, eh bien, j'arrête l'alcool !

— Chiche !

— DABIDO... IL FAUT M'EXCUSER... JE... JE CROIS BIEN QUE JE SUIS UN PEU SAOULE !

...Ceci est une alerte à l'ouragan... 訳

通 —"... LE TYPHON N°7 SE DIRIGE VERS LA PRÉFECTURE DE KAGOSHIMA À UNE VITESSE DE 25 KM/H. UN VENT TRÈS VIOLENT DE 40 M/S ET DE FORTES PLUIES SONT ANNONCÉS DANS LE SUD DE L'ÎLE DE KYŪSHŪ EN DÉBUT D'APRÈS-MIDI... 訳

?

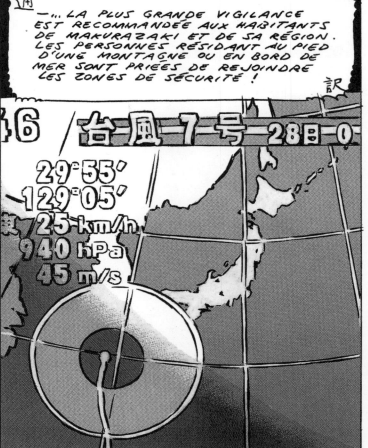

通 —"... LA PLUS GRANDE VIGILANCE EST RECOMMANDÉE AUX HABITANTS DE MAKURAZAKI ET DE SA RÉGION. LES PERSONNES RÉSIDANT AU PIED D'UNE MONTAGNE OU EN BORD DE MER SONT PRIÉES DE REJOINDRE LES ZONES DE SÉCURITÉ ! 訳

— ... "COMME TA POCHE"?
— C'EST UNE EXPRESSION FRANÇAISE, ÇA VEUT DIRE : "TŌKYŌ EST MON JARDIN"...

— ... EN TRAVERSANT LE PARC À PIED, ON PREND DIRECTEMENT LE MÉTRO À UENO ET ON ÉVITE LE DÉTOUR PAR LA LIGNE CHIYODA, HIBIYA ET GINZA ...

— ... JE SUIS SÛR QU'ON GAGNE AU MOINS UNE DEMI-HEURE !

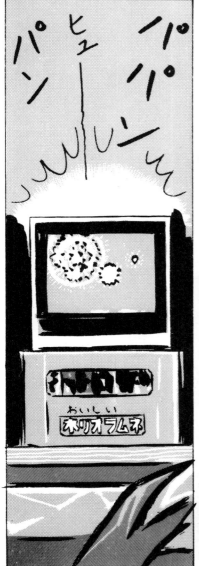

chapitre 5
LES VACANCES DE MONSIEUR HEURAULT

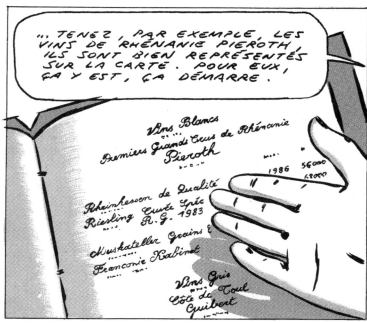

– QU'EST-CE QUI SE PASSE ? JE CROYAIS QUE TU AVAIS ARRÊTÉ DE BOIRE !...

– POUR ACCUEILLIR UN HOMME QUI EST DANS LE COGNAC DEPUIS TROIS GÉNÉRATIONS, IL FALLAIT BIEN UNE PETITE EXCEPTION...

– BON, EH BIEN, PUISQUE TU AS BU...

chapitre 6
DERNIER COGNAC À TŌKYŌ

— Mais qu'est-ce qu'ils font là, mes cognacs... avec du fromage ? On va en dégoûter tout le Japon !
— C'est la commande dont je vous avais parlé...

— D'après ce que j'entends, ils ont l'air de trouver ça délicieux... C'est important, parce que cette actrice est très réputée... Et puis, vous avez vu, il y a la télé...

— Et les fromages nippons, qu'est-ce qu'ils valent ?
— Ça se discute...

?!!

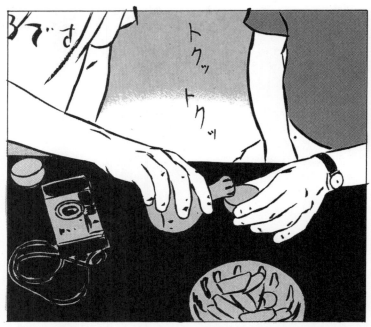

« Vous même, David ! Honnêtement... est-ce que vous pourriez me donner une seule bonne raison pour que je vous garde ? »

« Euh... eh bien, oui... euh... »

« Non !... honnêtement ! »

« Honnêtement ?... Non. »

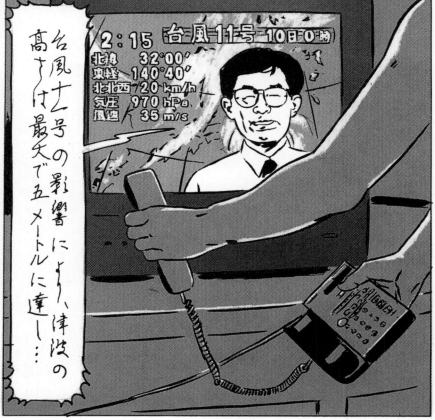

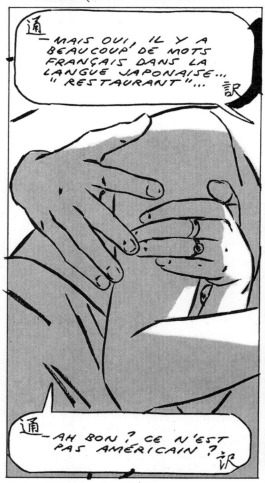

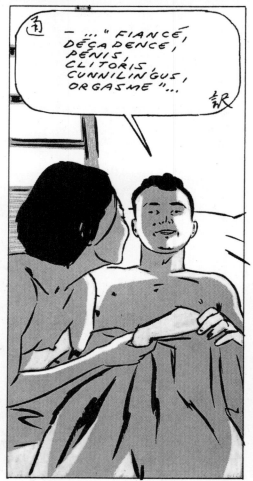

chapitre 7
TŌKYŌ COMME D'HABITUDE

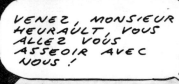

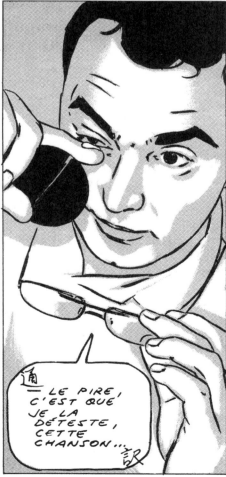

épilogue

平成7年9月20日、パリ   通 —PARIS, 20 SEPTEMBRE 1995 訳

百年プリント

— COMMENT ÇA, ELLES SONT PARTIES À MORIOKA, LES 600 CAISSES ? MAIS C'EST TOUT AU NORD !

— ET POURQUOI PAS EN HOKKAIDÔ, TANT QUE VOUS Y ÊTES, OU DANS LES ÎLES KOURILES ?!

— C'EST À FUKUOKA QU'ILS EN ONT BESOIN ! VOUS NE SAVEZ PAS LIRE LE JAPONAIS, MON VIEUX !!

ÇA Y EST ! J'AI TROUVÉ !

... ET SI ON CHOISISSAIT POUR UN COUSCOUS ?